Date: 10/26/18

SP J 179.9 MUR
Murray, Julie,
Ser justo /

PALM BEACH COUNTY
LIBRARY SYSTEM
3650 SUMMIT BLVD.
WEST PALM BEACH, FL 33406

Ser justo

Julie Murray

abdopublishing.com

Published by Abdo Kids, a division of ABDO, PO Box 398166, Minneapolis, Minnesota 55439.
Copyright © 2018 by Abdo Consulting Group, Inc. International copyrights reserved in all countries.
No part of this book may be reproduced in any form without written permission from the publisher.
Printed in the United States of America, North Mankato, Minnesota.
102017
012018

 THIS BOOK CONTAINS RECYCLED MATERIALS

Spanish Translator: Maria Puchol

Photo Credits: iStock, Shutterstock

Production Contributors: Teddy Borth, Jennie Forsberg, Grace Hansen

Design Contributors: Christina Doffing, Candice Keimig, Dorothy Toth

Publisher's Cataloging in Publication Data
Names: Murray, Julie, author.
Title: Ser justo / by Julie Murray.
Other titles: Fairness. Spanish
Description: Minneapolis, Minnesota : Abdo Kids, 2018. | Series: Nuestra personalidad | Includes online resources and index.
Identifiers: LCCN 2017945840 | ISBN 9781532106217 (lib.bdg.) | ISBN 9781532107313 (ebook)
Subjects: LCSH: Fairness--Juvenile literature. | Children--Conduct of life--Juvenile literature. | Moral education--Juvenile literature. | Spanish language materials--Juvenile literature.
Classification: DDC 179.9--dc23
LC record available at https://lccn.loc.gov/2017945840

Contenido

Ser justo 4

Más formas
de ser justo 22

Glosario 23

Índice 24

Código Abdo Kids . . .24

Ser justo

Se puede ser justo de muchas maneras. ¿Sabes cómo?

Jack quiere jugar un juego.

Espera a que sea su turno.

Él está siendo justo.

Sam comparte su juguete con Kyla. Él está siendo justo.

Tess **incluye** a su compañera.

Ella está siendo justa.

Greg juega al ajedrez con un amigo siguiendo las reglas. Él está siendo justo.

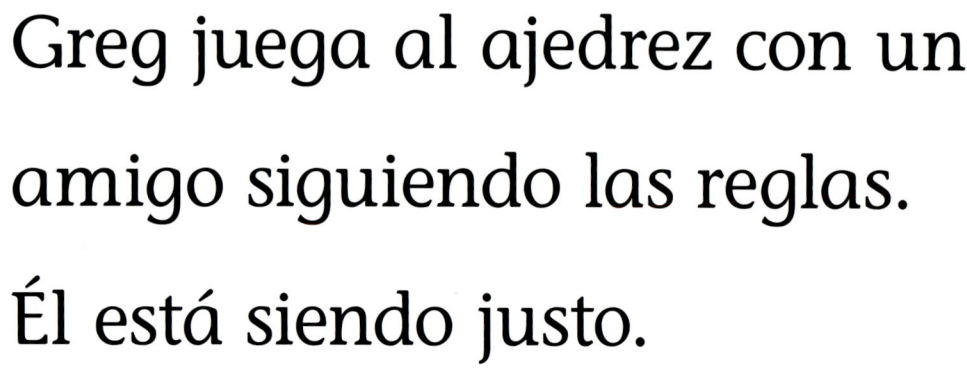

La mesa del comedor está llena. Kim hace sitio para Mary. Ella está siendo justa.

Nico hace una **presentación** en la clase. Los demás niños escuchan con atención. Ellos están siendo justos.

Gabe rompe su alcancía. Dice la verdad sobre lo que pasó. Él está siendo justo.

¿Has sido justo hoy?

Más formas de ser justo

escuchar a los demás

seguir las reglas

compartir las cosas

turnarse

Glosario

incluir
dejar entrar a alguien en una actividad.

presentación
información dada en público sobre un tema.

Índice

ajedrez 12

alcancía 18

clase 16

compañero 10

compartir 8

juego 6

juguete 8

mesa 14

reglas 12

verdad 18

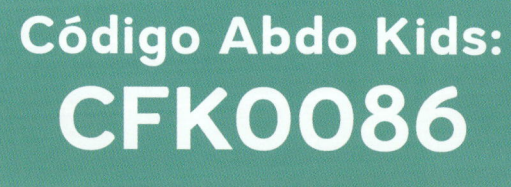

¡Visita nuestra página abdokids.com y usa este código para tener acceso a juegos, manualidades, videos y mucho más!